D1315923

Paris

sur les pas de
Sonia Rykiel

ÉDITIONS DU GARDE-TEMPS

Paris

sur les pas de
Sonia Rykiel

Collection dirigée par Arielle Picaud

Mise en page et photogravure : Studio Mag Net

Copyright © Éditions du Garde-Temps, Paris, 1999.
Achevé d'imprimer par Sagrafic, Espagne.
Dépôt légal : décembre 1999.
ISBN : 2-9509273-8-6

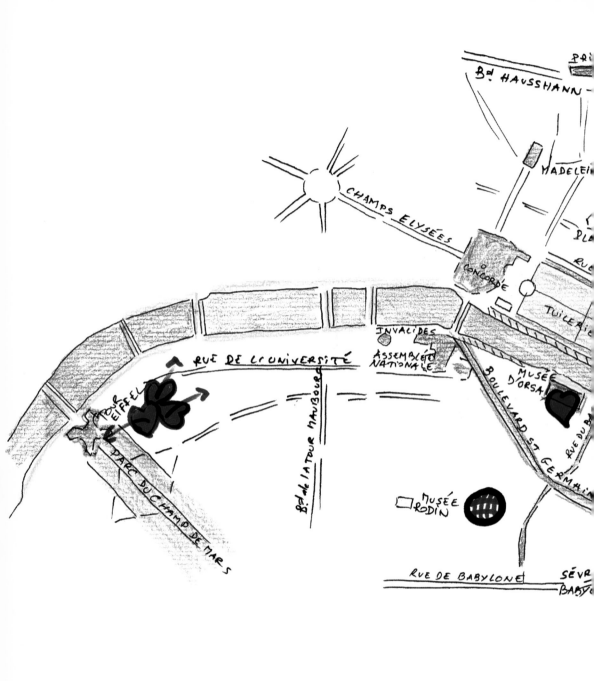

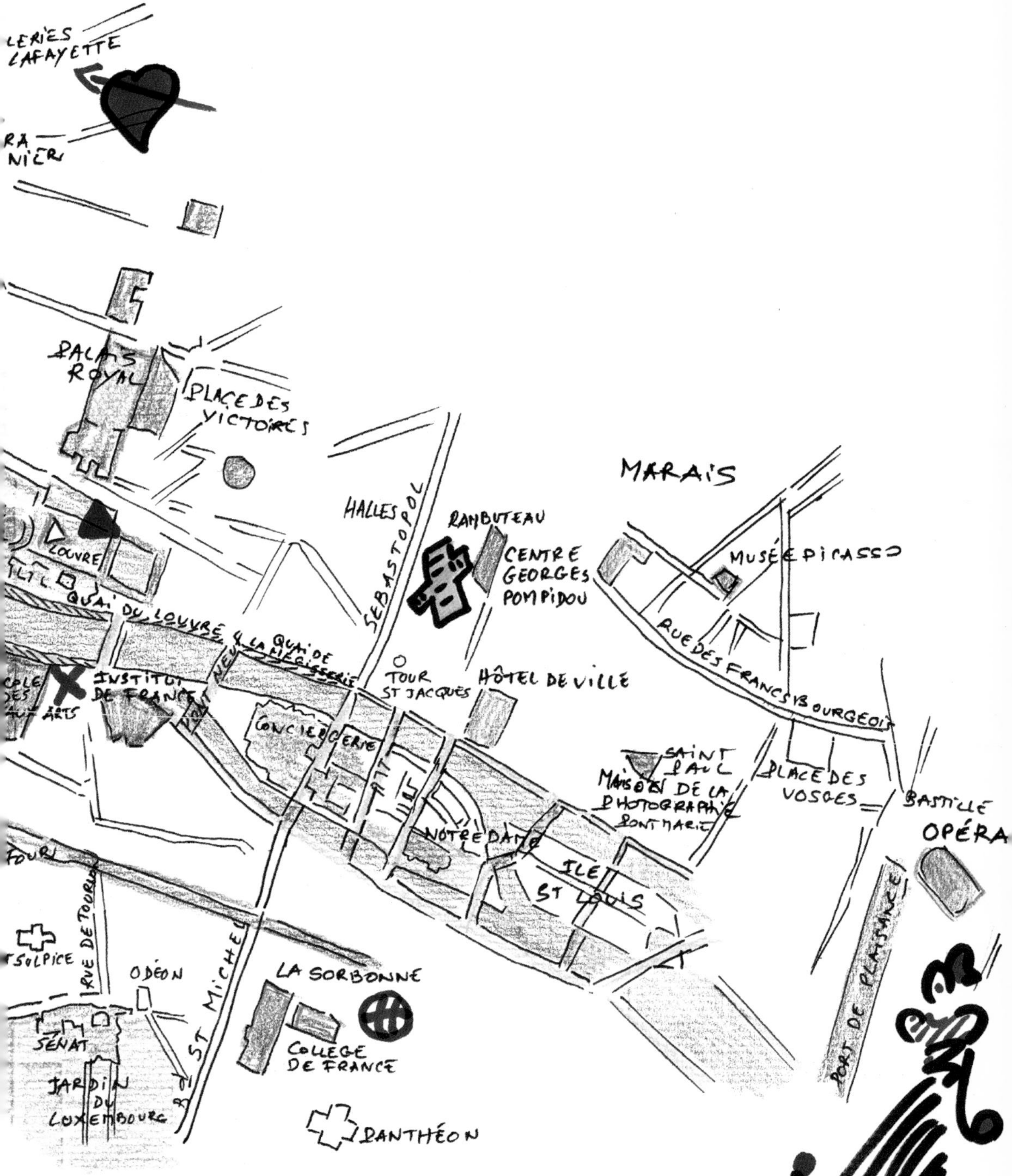

LERIES LAFAYETTE

RA NIER

PALAIS ROYAL

PLACE DES VICTOIRES

MARAIS

HALLES

SEBASTOPOL

RAMBUTEAU

CENTRE GEORGES POMPIDOU

MUSÉE PICASSO

LOUVRE

ITL

QUAI DU LOUVRE & LA FEB SSERIE

QUAI DE

RUE DES FRANCS BOURGEOIS

PLE DES UT ARTS

INSTITUT DE FRANCE

TOUR ST JACQUES

HÔTEL DE VILLE

CONCIERGERIE

SAINT PAUL

MAISON DE LA PHOTOGRAPHIE PONT MARIE

PLACE DES VOSGES

BASTILLE

OPÉRA

FOUR

NOTRE DAME

ILE ST LOUIS

ST SULPICE

ODÉON

ST MICHEL

RUE DE TOURNON

LA SORBONNE

COLLÈGE DE FRANCE

PORT DE PLAISANCE

SÉNAT

JARDIN DU LUXEMBOURG

PANTHÉON

matin

Colette

La mode pour elle ? Elle aimait ça profondément. Les plis de la vie et les plis du costume mêlés, étudiés, joués. Elle s'en servait pour nourrir ses pages de détails enlacés, tarabiscotés, compliqués, qui deviendront des chroniques de mode. Rien ne lui échappe. Drapée dans ses mousselines ou ses sarraus, ceinturée de satin, moulée, corsetée, ou culottée de pantalons bouffants, elle observe le monde de la mode qu'elle critique et décrit méticuleusement. Voluptueuse, à l'aise dans sa jupe un peu large, son corsage et son gros foulard, elle savoure la couture, l'élégance, la beauté.

Si elle avait été...
Une robe : elle aurait été une robe de scène satin rouge, taille de guêpe, plumes d'autruche avec un masque sur le visage et des perles dans les cheveux.
Une fleur : une pivoine.
Un tableau : un Van Gogh.
Un dessin : un Vertès.
Un animal : une fausse panthère.
Un vin : un Saint-Emilion dans une timbale en argent.
Un crayon : une pointe sèche avec une sanguine en sorte de gomme.
Un papier : quadrillé, rayé avec une marge rouge.
Un pull : un Shetland noir avec un saphir sur l'épaule.
Un monument : le Dôme des Invalides.
Un menu : celui du Grand Véfour.
Une cravate : un nœud papillon.
Une affiche : celle du théâtre Trianon avec un dessin de Cocteau,
Une pièce de théâtre : inédite.
Un fruit : elle aurait été une poire arrosée de sucre roux dans une assiette en vieux Paris.

Jardin du Palais Royal
9, rue du Beaujolais 75002 Paris

roman

L'hôtel, c'est le roman, il faut y vivre dangereusement.

Fantastique plaque tournante sur le monde, sur la plus belle place du monde, l'hôtel Crillon, un hôtel pensé, organisé pour le plaisir de vivre.

Somptueuse salle à manger bleu Crillon, les Ambassadeurs, galerie de miroirs avec une carte Grand Chef.

L'Obélisque, restaurant intime, nourriture délicieuse, plus simple, et une fontaine à vin où l'on peut déguster au verre les plus grands crus.

Le bar, avec le bel objet « Bar » décoré par César (pièce unique) lambrissé d'acajou, fauteuils de velours rouge où l'on s'enfonce pour refaire le monde en parlant politique, littérature, théâtre.

Le salon Taittinger où se réunit tous les deux mois le jury du « Fémina ».

Au 1er étage, les trois suites royales Bleu, Blanc, Rouge, et au 4e, les suites terrasses sur la place de la Concorde avec la célèbre chambre de Léonard Bernstein, son piano, les reproductions de Steinbeck, et les fameux rideaux de taffetas bicolore. Le Crillon est le seul hôtel dans le monde à avoir 160 chambres à Paris et une chambre à New York au Metropolitan Museum.

Hôtel de Crillon
10, Place de la Concorde 75008 Paris

Place de La Concorde

savoir

Qui ne s'est assis dans le grand amphithéâtre de la Sorbonne, les jambes serrées, les coudes sur les genoux, la tête dans les mains, pour regarder ce magnifique endroit et imaginer ces professeurs, là, sur l'estrade, capter l'auditoire, le mobiliser et entraîner avec eux ces centaines d'étudiants bouche-bée.
La Sorbonne ou l'Éducation. Fac de Lettres symbole de ce mai 68 où l'on se réunissait pour refaire le monde.

La Sorbonne
16, rue des Ecoles 75005 Paris

14

Musée Picasso

5, rue de Thorigny 75003 Paris

créer

Créer, ça n'est pas tuer, ça n'est pas mourir, et pourtant si.
Ça n'est pas se perdre, ni hurler, et pourtant si.
C'est tirer du néant et continuer. C'est entrer en religion et refuser le voile, faire sortir de soi l'authentique, défier la logique, le hasard, l'ordre. C'est « courir dans sa tête », comme l'Amoureux de Barthes. C'est comprendre qu'il n'y a aucune donnée exacte, précise et rationnelle, classer et défaire, détruire et bâtir. C'est vivre de la démesure, de l'absurde et les mesurer. C'est s'exposer en plein, se donner, claquer. Être vraiment sûr mais sans savoir pourquoi en affirmant qu'on sait même quand on ne sait pas.
Être double, triple, multiple mais savoir être « unique ».
Jouer, entraîner, exagérer. Envoyer dans le coeur ses troubles, ses émotions, sa sensibilité.
C'est être impudique. C'est être public.
C'est invivable et c'est divin.
C'est la seule façon de vivre.
Autrement, on meurt.

Musée d'Orsay

1, rue de la Légion d'honneur 75007 Paris

partir

Partir, c'est respirer ailleurs, exister ailleurs, écrire le roman d'une autre, interpréter un autre rôle, changer d'emploi. C'est entasser des sacs pour les remplir de projets inconnus, de nouveaux dessins. Oublier sa vie, la laisser là, entrer dans une autre, poser d'autres traces et revenir pour recommencer.

Il n'y a de vrai voyage qu'en profondeur (je ne sais plus qui a dit ça !).

On peut voyager à l'intérieur d'une cellule (Jean-Paul Kauffman, *Le Bordeau retrouvé*).

On peut courir dans sa tête comme l'*Amoureux* de Roland Barthes.

Ou seulement courir (Rimbaud, l'*Homme aux semelles de vent*).

Il faut savoir voyager, s'installer, se préparer, regarder à travers la vitre, respirer l'air du temps, se nourrir de ce que l'on voit, l'emmagasiner, s'arrêter pour comprendre ou pour étudier.

J'aime les voyages courts, ceux qui ont un but, aller à New York, voir l'exposition Rodko ou Pollock.

J'aime les longs voyages, 8 ou 10 jours, en Russie, en Israël, en Chine.

Avoir le temps de se couler dans la ville, toucher les murs, les sols, regarder le ciel.

Je sais que les plus beaux couchers de soleil sont en Israël. Les plus jolies couleurs de toits sur la route de Tokyo à Kyoto. Les plus belles pierres autour de Venise.

Le sable le plus fin en Égypte.

La mer la plus voluptueuse en Sardaigne.

Le vent le plus froid à Vienne.

Les restaurants les plus raffinés

et les plus beaux hôtels sont à Paris.

fascination

La fascination que j'ai pour Giacometti est immense. Il regarde les êtres et les objets en les défaisant de tout ce qui n'est pas l'essentiel ; il ne perd pas de temps avec « autour » (comme lorsqu'on tire les cheveux en arrière du front et des tempes pour avoir la signification du visage). Chacun lui apparaît dans sa plus précieuse solitude. Quand je fais un vêtement, j'aimerais lui tirer les cheveux, retirer tout ce qui est « superflu », le tirer jusqu'à l'essence, trouver la substance, le considérer comme un objet à encadrer et oublier le corps qui me cerne à chaque instant. Est-ce que l'habit peut être cette chose en « fil » comme la statue est en « bronze ».

Sennelier
3, quai Voltaire 75007 Paris

mémoire

« La mémoire est l'avenir du passé » a dit Paul Valéry.
L'an 2000 sera le siècle de la disponibilité, du fragment, de
la mobilité, d'une ahurissante technicité mais sera aussi le
siècle d'une certaine uniformité.
Alors il faudra délirer en gardant ses repères, retrouver le
temps perdu, le poser dans un coin de son esprit, pour avancer encore, avancer toujours. L'an 2000, ce sera des nou-
velles matières vibrantes, des tissus qui respirent, qui s'éclai-
rent, qui laisseront passer l'air tout en maintenant la chaleur,
des tissus parfumés qui exalteront la sensualité, la tendresse.
Nous entrons dans le siècle de la glissade, de la déchirure.
Liberté surveillée nourrie de milliers d'informations difficiles à décoder parce que beaucoup de valeurs apprises sont
bouleversées. Alors tenons-nous-en aux valeurs sûres...
comme le pain.

Poilâne
8, rue du Cherche-Midi 75006 Paris

D. R.

bouquets

Je les aime, dans la maison, dans les vases, dans le jardin, j'aime les bouquets ronds ou qui dépassent un peu du vase, les roses rouges et les roses blanches et les anémones très larges et très plates, blanches aussi, j'aime les voir brodées, en tapisserie, en collage, en dessin académique (*les roses* de Redouté) ou classiques (tableau flamand), en bouquets mélangés (Matisse), dans les cheveux (Renoir, *Gabrielle à la rose*). J'aime les offrir, j'aime les sentir et j'aime qu'on m'en offre.

Les mille feuilles
4, rue des Archives 75003 Paris

Marianne Robic

Musée de la vie romantique
16, rue Chaptal 75009 Paris

George Sand

Elle était enthousiaste, anticonformiste, drôle, chaleureuse, elle se fichait du qu'en-dira-t-on.

Elle a inspiré les sœurs Brontë, Dostoïevski, Tourgueniev et d'autres auteurs russes.

Elle a influencé Flaubert, *un cœur simple*, Renan.

Elle a été les premières lectures de Proust et peut-être, sûrement même, l'inspiratrice d'un passage célèbre.

Dans *Histoire de ma vie* elle écrit : « Ma mère me dit : respire les liserons, cela sent bon le miel et ne les oublie pas. Depuis je ne respire jamais des fleurs de liseron sans voir l'endroit des montagnes où j'en vis pour la première fois. Plus tard. Cette faculté précieuse qui nous est donnée de rattacher à certains objets la vision nette de certains moments écoulés. »

Elle était courageuse, passionnée, folle.

Elle détestait la solitude et adorait les enfants. Elle était angoissée et contradictoire, audacieuse et étrange.

Habillée singulièrement, elle trouble, elle charme.

Si l'on sait qu'on est vraiment femme que lorsqu'on est un mélange bien dosé de féminin masculin, elle était Femme totalement.

Peinture d'Auguste
Charpentier
Musée Renan-Scheffer

© Roger-Viollet

Parc Monceau

Rive droite, rive gauche

J'ai été une enfant de Neuilly, et une jeune fille rive droite.
Je suis devenue une jeune femme rive gauche.
J'aimais l'air du Bois de Boulogne, du parc Monceau, j'ai eu
du mal à aimer le Luxembourg, plus poussiéreux, plus
dense, plus plein. J'ai pris la pose, j'ai attendu.

Je me suis retrouvée boulevard Saint-Germain, rue des
Saints-Pères, perdue. Je me suis laissée envahir, étonner,
envelopper de cet « Art du Temps » qui n'existe que dans
le sixième, de cet « Air » d'écrivains, d'antiquaires, qui vole
autour de chacun d'entre nous. J'ai retourné ma veste,
défait mes ourlets (Rive droite, je ne l'aurais sûrement
jamais fait) et écrit parce que l'envie, le besoin d'écrire
était trop fort. De ma fenêtre, je vois les marronniers d'un
jardin, la maison de Pierre Chareau et le haut, illuminé, de
la Tour Eiffel. La Beauté.

Au nom de la Rose

4, rue de Tournon 75006 Paris

la rose

Je les ai toutes eues, toutes aimées, toutes caressées. Je les ai comtemplées dans les jardins, dans les serres, admirées dans des vases d'opaline.

Je les ai préférées rondes, épanouies, avec le coeur jaune ou rose perle, les pétales roses aussi mais ourlés de vert pâle.

Je les ai adorées rouge pourpre, rouge baiser, rouge velours rideau cramoisi.

Elles avaient une odeur de passion.

J'en ai vu des presque noires, poudrées d'ombre, insconcientes de leur beauté avec une senteur d'amour fou.

J'en ai cherché des bleues, je suis tombée sur des marguerites, des vertes ce n'était que des hortensias.

On m'a dit qu'il y avait des orangées près d'une forêt, à quelques kilomètres de Paris. J'ai pris le train, un panier, un sécateur et je me suis retrouvée devant des buissons de rhododendrons.

Je me croyais à Menderley.

J'en ai volé une, un jour, qui dépassait d'une barrière, une magnifique rose fêlée.

Aujourd'hui, j'ai la mienne.

le jour et l'heure

Le Voyageur et l'Art du temps.

Je suis partie dans tous les pays du globe, amoureuse de mes carnets bleus.
J'ai parcouru le monde, avec mes crayons noirs.
Je suis revenue de Chine enroulée dans mon plaid à carreaux.
Au fin fond du Colorado j'ai emporté ma serviette en cuir.
À Paris, j'ai retrouvé mes chaussons de velours brodé.
Ma sacoche en toile.
Mon agenda de luxe, couverture croco.
Je suis repartie à New York avec des enveloppes et un bloc-notes.
Bleu encore, comme un ciel sans nuages.
Bleu comme l'oiseau bleu qui protège l'âme.
Bleu comme la nuit « le ciel de nacre s'approfondit en nuit bleue » (Valérie Larbaud).
Bleu comme le diamant, le saphir, la Gitane ou le jean's.
Bleu comme le bleuet et les reflets bleus.
Bleu comme le bleu du ciel de Georges Bataille.
Bleu comme Le Jour et l'Heure.

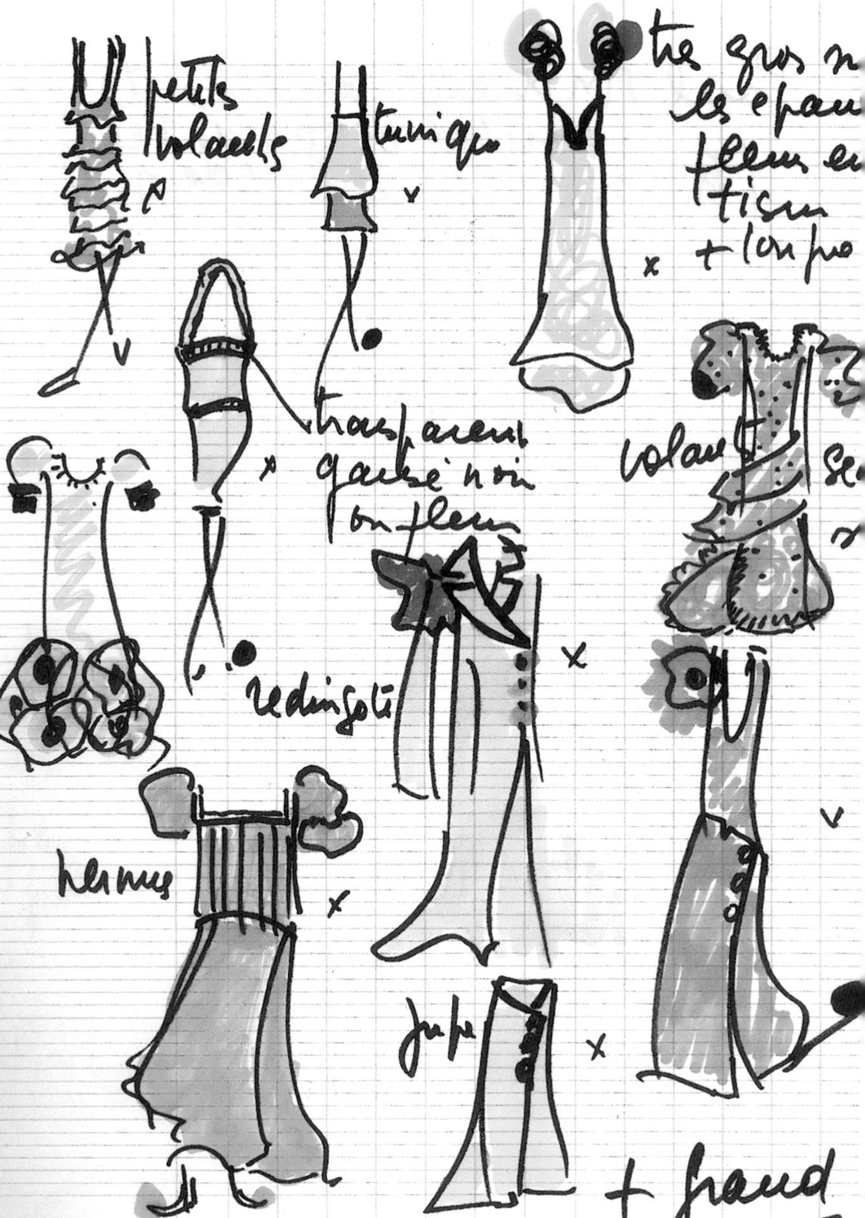

petits
volants

tunique

tre gros n
les épau
fleur en
tissu
+ long p

transparent
garni noir
ou fleur

volan   se

redingote

fleurs

jupe

+ grand

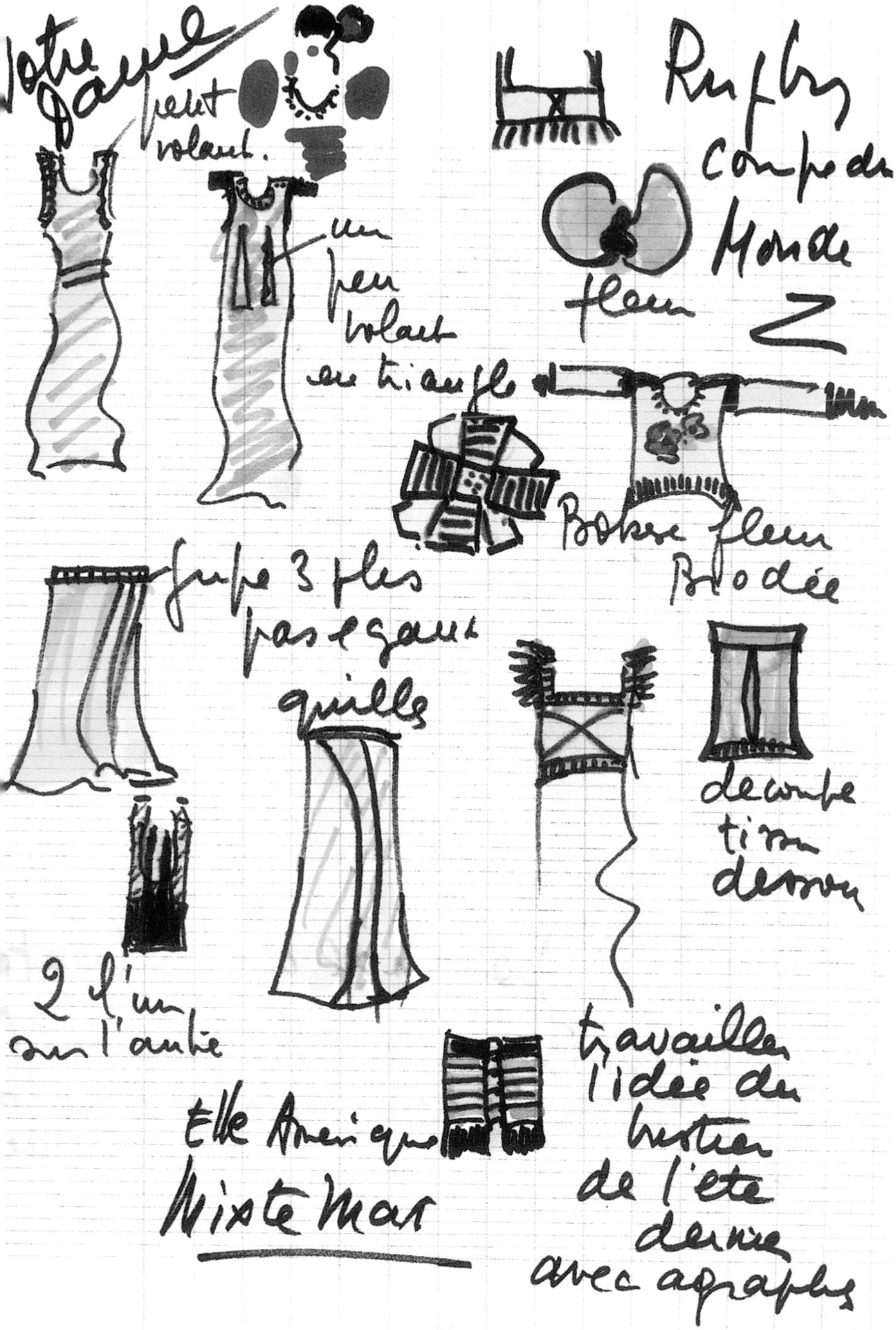

Notre Dame

petit
volant.

un
peu
volant
en triangle

Rugby
Coupe du
Monde

fleur

Boxer fleur
Brodée

jupe 3 plis
pas + gaut
quille

découpe
tirou
dessou

2 l'un
sur l'autre

Elle Amerique
Mixte Mar

travailler
l'idée du
métier
de l'été
dernier
avec agraphes

promenade

J'aime me promener dans les cimetières du Père Lachaise et du Montparnasse, j'y éprouve une sorte de calme. Le temps s'arrête, les arbres nous protègent de l'inquiétude qui nous envahit, justifiée par tous ces êtres inertes, là, sous la pierre. Les pensées se bousculent devant les noms qui nous ont si souvent touchés - Sartre et Beauvoir - Duras - Ionesco - Maupassant - Mauriac - Vercors - Baudelaire - Beckett. Les fleurs souvent fraîches, les cailloux, les vases désuets, la bimbeloterie, les photos étranges, si réelles, si proches. Quelquefois même des poèmes.

Souvent j'ai essayé de chuchoter avec ces personnages. Assise sur la stèle, j'ai posé des centaines de questions, j'ai supplié pour avoir une réponse.

Alors je mettais ma tête entre mes mains et je restais là, des heures.

Baudelaire © Roger-Viollet

midi

déjeuner

Chaque grand restaurant est une merveille à lui seul. Pourtant, j'adorerais manger un hors-d'oeuvre chez Lucas Carton, un plat et un fromage chez Robuchon, et tous les desserts au Grand Véfour. La bonne nourriture c'est comme les bons romans, ça vous nourrit de l'intérieur, ça vous fait parler, ça vous rend belle, excitante, mystérieuse. Vous jouez, vos gestes sont ralentis, vous suivez une musique silencieuse qui coule dans votre chair comme un château Eyquem, un très grand Sauternes pas trop sucré, couleur miel doré avec étiquette rouge.

Le Grand Véfour
17, rue Beaujolais 75001 Paris

Le Grand Véfour

40

science

Je mets dans la science un fol espoir, pas vraiment réaliste, pas vraiment juste, pas vraiment raisonné. Je pourrais sacrifier à la science une certaine partie de ma liberté ou ma liberté entière, sous certaines conditions.

Je pourrais revenir sur ce que je crois, si j'imaginais m'être trompée. Mais je voudrais imaginer que l'on va trouver les remèdes à ces affreuses maladies.

Marie Curie © Roger-Viollet

Galeries Lafayette
40, Bd Haussmann 75009 Paris

grands magasins

Les Galeries Lafayette, c'est un théâtre à mille scènes.
On peut tout vivre, regarder, acheter, comparer, essayer, de la porcelaine aux robots, des accessoires aux antiquités, des tapis, des produits de beauté, de la nourriture, des vêtements de luxe et des vêtements de sport.
Déjeuner ou prendre un thé, et contempler cette magnifique coupole 1912 école Majorelle.

Salle Pleyel

252, faubourg St-Honoré 75008 Paris

musique

La musique c'est l'amour, une affaire de peau, de coeur, cela vous étourdit, vous trouble, vous chavire.

Une nourriture de tous les sens qui vous construit ou vous détruit selon le moment où vous la recevez.

Quand j'écoute de la musique, je ne fais que l'écouter. Je ne peux que travailler, lire, dessiner en écoutant un opéra. J'ai besoin de calme, d'espace, de me recueillir, de me fondre dans les notes.

Un concerto pour violon et orchestre, c'est la beauté !

Baccarat
11, Place de la Madeleine 75008 Paris

symphonie de couleurs

En couleur, on utilise tout, le faux jour, le contre-jour, la tombée du jour. Comme le cinéaste, on attend que la lumière se fasse sur la couleur juste, celle qu'on cherche.

Il m'est arrivé de rester deux mois sur les couleurs avec des filtres et des pinceaux, ce n'était que du bleu, du jaune, du vert, mais la dimension n'était pas vraie.

La valeur d'une couleur est essentielle parce qu'elle n'est jamais seule, elle est reliée aux autres, se porte avec une autre. Il faut « saisir » l'instant où elle entre dans l'autre, ne la détruit pas, l'éclaire, ne lui fait pas d'ombre, ne la salit pas, ne lui ressemble pas. Il faut voir si je peux la jouer sur deux tons, sur trois, si je peux la poser à côté d'une couleur pas permise, si je peux faire du beau avec du faux.

La couleur n'est jamais celle que je veux...

J'ai cassé des barrières à Montok aux U.S.A pour prendre un vert inconnu, j'ai rapporté du sable dans le creux de ma main de la mer de Corail, une couleur sable que je n'avais vue nulle part ailleurs, j'ai gratté une maison à Torcello à Venise pour retrouver le rose qui était dans ma tête depuis longtemps, découpé un cactus à St Martin parce que le gris était plus gris qu'aucun autre gris, j'ai volé une serviette dans un grand restaurant juste pour le beige, déchiré un bout de parasol à Honolulu pour le rouge, troué un carton pour le jaune et menti pour avoir du violet. Au Japon, j'ai couru après les bleus.

On peut parler de couleurs physiques, de la réalité de la couleur. C'est bleu, rouge, mais si l'on veut parler d'ondes, de vibrations, on sait que chaque couleur porte en elle des centaines de variations qui font qu'elle est couleur sur le dessus mais un éventail de couleur en dessous et que c'est cet éventail qui éclabousse le tissu.

On sait que manier la couleur est un art, qu'il y a des phé-
nomènes qui font que la lumière change (humidité, chaleur, etc...) des mélanges qui se bouffent, qui se doublent
ou au contraire qui s'éclatent ; l'harmonie des couleurs,
c'est l'équilibre.
Je sais que la couleur c'est l'image, le cœur, l'indispensable
fard de la femme.

les plaisirs de la table

J'aime les tables les plus raffinées, les plus sensuelles.

Les mondaines nappées d'organdi blanc, argenterie tête de vieillard, et verre à pied multifacettes Baccarat, serviettes damassées brodées.

Les tables à « écriture » où l'on pose des « sets » en lin bleu pour couvrir les taches d'encre, avec au milieu un bouquet de coquelicots dans un vase opaline ciel, couverts 1930 en faux argent, verres à pied décorés de raisins.

Les tables « à mourir de rire » comme disait George Sand, carrée, genre table à jeu où l'on peut déjeuner à deux, face à face en amoureux, mains tendues, lèvres tendues, les yeux dans les yeux.

Les tables de cuisine les plus lourdes, les plus originales, les plus intelligentes, en chêne, couvertes de livres érudits.

Les tables de restaurant couvertes de dessert à « mourir de plaisir ».

Pain quotidien

18, place du Marché Saint-Honoré 75001 Paris

Musée Albert Kahn

14, rue du Port 92100 Boulogne

jardins secrets

J'aime les jardins fous, indécents (ceux où l'on se cache, derrière les arbres, pour se caresser). Les jardins bizarres, étranges, les jardins décors, les pas naturels, les déplacés, plein d'imprévu, les énigmatiques, découpés faux, qui font travailler l'esprit. Ceux qui stimulent et donnent une image mentale de la nature.

Pourtant, toute petite, j'ai adoré les « jardins fruits ».

Voler des cerises, des prunes, des mirabelles, des pêches, retrouver les fraises cachées sous les feuilles. Ceux que plus tard j'ai appelé les jardins « pot de confiture ».

Existe-t-il un objet plus beau, plus sensuel, plus excitant qu'un pot de confiture avec son étiquette, sa couleur. C'est le mystère total.

A New York, Washington Square, près de Greenwich Village où se croisaient Henry James et Marcel Duchamp, jardin cher à Paul Auster (j'adore Paul Auster), amusé par les écureuils, les groupes de danseurs, les joueurs d'échec et les coureurs à pied. Jamais je ne pourrais évoquer un jardin sans penser à Colette (pour les odeurs) ou à George Sand. Dans *Histoire de ma vie*, elle cite : « Ma mère me dit : respire les liserons, cela sent bon le miel et ne les oublie pas » et depuis je ne respire jamais les fleurs de liserons sans voir l'endroit des montagnes où j'en vis pour la première fois (cela ne vous rappelle pas une certaine Madeleine ?).

Dans les jardins, j'aime avant tout les fleurs pour s'épanouir dans tous les sens, se dorer (pour se faire adorer), prendre la couleur du temps, se faire réchauffer au soleil, se glisser sous les feuilles pour faire l'amour et ressortir triomphante au bout de l'allée en s'écriant « — Je suis la Reine !

— La Reine de quoi ?

— La Reine du jardin ! »

Un jour, dans un jardin, j'ai rencontré un arbre. Il me regardait si intensément, si intimement, j'étais assise sur un banc, en face de lui, il était beau... beau à mourir.

Caviar Petrossian

18, bd de La Tour Maubourg 75007 Paris

festin

Ma famille maternelle est d'origine russe, et chez les russes on mange merveilleusement, d'une façon baroque, folle, démesurée.

Enfant, les dimanches réunissaient tout le monde à la campagne autour de ma grand-mère, belle, fine comme une icône, qui préparait des déjeuners magnifiques. Je la regardais rouler les pâtes fraîches qu'elle fourrait ensuite de fromage blanc et qu'elle servait dans une immense soupière...

Boutique *Izraël* dans le Marais

galerie

Fou de dessin, de peinture, d'argenterie, de musique. À l'affût d'un regard, d'un frémissement, Claude Bernard peut expliquer des heures la courbe d'un trait, la beauté d'un rouge, le rapport exact entre la profondeur du tableau et l'objet posé là, dans un coin, au bord du cadre.

J'ai vu plus de cent exhibitions à la Galerie Claude Bernard. Je me souviens de toutes, mais particulièrement de Pedro Monero Meyerhoff. Pedro est un peintre espagnol, il dit « Vivre est une lutte contre le temps, sans doute est-ce pour cela que je peins », pour m'emparer du temps de sa durée, capter ses moments provisoires, les garder près de moi. »

J'aime ses fleurs, sorte de lys, feuilles fermées presque sans tige posées dans un verre banal sur une table nue, vide, juste des fleurs sur un fond carrelé grisé. J'adore ses oranges qui pendent au bout des branches, cachées par un feuillage trop lourd, trop important, ses roses de jardin aux cent pétales qui, penchées, ne regardent jamais le ciel, ses fioles baroques coloriées rouges, blanches ou noires, éti-quetées, carrées, prêtes à vous empoisonner.

Meyerhoff est un peintre mystérieux, silencieux, un peintre de la lumière.

Picasso disait que ce qui le fascinait le plus c'était ce qu'il comprenait le moins.

c'est vrai, plus on creuse, plus on a le vertige, plus on est attiré.

Si la peinture ne vous donne pas le vertige, ne la regardez pas.

Isao Sugiyama *Sanctuaires*. GCB/Losi

Mon premier amant

Si Paris m'appartient, je l'ai bien mérité.

Depuis toute petite, je l'ai adoré. Je suis née à Neuilly, boulevard Pershing, puis j'ai vécu avenue de Ternes dans le 17e. Mes premiers rendez-vous d'amour ont eu lieu au parc Monceau dans la poussière des allées aristocratiques, sous les arbres bien taillés.

Je me suis mariée à Auteuil boulevard Murat.

Mes enfants, je les ai promenés au parc Montsouris puis, plus tard, au Luxembourg, le plus beau, le plus romantique, le plus secret de tous les parcs du monde.

Enfant, j'allais à pied de l'avenue des Ternes à l'avenue du Roule où j'ai commencé mes études au cours secondaire de jeunes filles. Je passais par le ballon des Ternes et saluais tous les jours d'une inclination de tête et d'un signe de la main cette petite chapelle tellement jolie cernée de grilles vertes toujours fermées. Que n'aurais-je pas donné pour les ouvrir !

plus tard, j'ai pris le petit train ceinture pour aller au lycée Lafontaine où là, j'attendais la sortie des garçons du lycée Claude Bernard.

Ce furent de merveilleux moments.

Je suis arrivée à Saint-Germain-des-Prés plus tard et j'ai investi ce quartier. J'y ai mis mes joies, mes bonheurs, mes plaisirs. J'y ai côtoyé tous les êtres que j'aime, que j'admire, peintres, écrivains, éditeurs. Saint-Germain-des-Prés, c'est ma vie.

Café de Flore

16, bd St-Germain 75006 Paris

Saint-Germain-des-Prés

Je me souviens de la rue de Grenelle.

Des livres, que j'avais mis dans les vitrines parce que c'était important que les signes des mots et les plis des robes se parlent. Je n'ai pas changé.

Je me souviens de Barbara :

« Un jour tu feras une chanson pour moi.

Oui, non. Oui, je te promets ».

Je me souviens de Botéro, rue du Dragon, me disant :

« Vous les voulez ces papiers rayés ? »

Et moi, interloquée : « Bien sûr ! »

Il me les a signés.

Je me souviens d'Anouk Aimée dans mon studio, travaillant son rôle dans *Prêt à Porter* de Robert Altman, qui riait en nous regardant.

Je me souviens du Flore ou de Lipp avec Régine, Danièle, Nathalie, Muriel, et de nos incursions à L'Écume des Pages en sortant - Rituel.

Je me souviens de la chanson enregistrée dans un petit studio du côté de la rue Princesse avec Malcom McLaren. Délire !

Et puis César, 175, Boulevard Saint-Germain, assis sur un fauteuil « Le Corbusier ». « — Nous sommes bien du même bord, tu es folle ! — Oui, César, je suis folle ».

Mais à Saint-Germain-des-Prés, l'air est « fou » !

Et Saint Germain alors ?

Maison européenne de la Photographie
5-7, rue de Fourcy 75004 Paris

photo

La photo, c'est un écrit intime, une histoire d'amour entre deux êtres qui cherchent à se regarder sans vraiment se voir. Un glissement, un double, un montage précis, travaillé. Un roman flash sans mots, mis en couleur.

L'important ce sont les repères, le visage qui se penche, la lumière.

Il faudrait pouvoir se servir de tout, récupérer le flou, les moments perdus pour inventer. Dans ce qui est vague, faire un cadrage, le fixer au téléobjectif, prendre la distance et appuyer.

Sonia Rykiel photographiée par Sarah Moon

Christian Constant
37, rue d'Assas 75006 Paris

j'ai perdu la tête

On dit... et je le crois, qu'au XVIIe siècle, quand on découvrit le chocolat, les femmes se faisaient porter du chocolat chaud à l'église pendant le sermon... et que l'évêque, fou de rage, l'interdit... Pourtant, devant la cathédrale désertée, il fut contraint de céder. On dit et je le crois, que toujours au XVIIe siècle, il y avait des cérémonies rituelles lorsqu'on ensemençait la récolte (du chocolat). On dit et je le sais, que le cacaoyer ne se développe qu'en sous-bois, à l'ombre, qu'il ne supporte pas la lumière et qu'il n'aime que le noir. On dit encore qu'au Guatemala les Aztèques offraient à leurs dieux des graines de cacao. Je dis et c'est vrai que manger du chocolat c'est entrer en religion, faire partie d'une secte, d'un clan, d'une histoire... que le chocolat est le partenaire idéal (c'est faux) d'une soirée, qu'il peut être le compagnon du bonheur (vrai), un remède à la solitude (faux), consoler un homme qui vient de perdre son amour (faux), être le diamant bleu d'une soirée voluptueuse, entouré de champagne, de mets parfumés dans un salon particulier d'un grand hôtel particulier pour une cérémonie particulière.
C'est vrai que le chocolat en tête à tête c'est somptueux, qu'à la fin d'un dîner c'est superbe, que c'est le bonheur, un rite, une cérémonie.

J'ai perdu la tête, un jour, pour des pavés noirs gavés de noisettes presque brûlées, pour un rocher fourré écorces orange, pour des barres cassées au marteau et grainées d'amandes pistaches, pour un chou praline recouvert de chocolat noir. Si je recherche bien et loin, il me semble que, petite fille, j'ai mis le doigt dans un chou à la crème (au chocolat) et que mon père, fou de colère, m'a privée de dessert. Depuis, je parcours le monde pour retrouver l'odeur du chocolat de mon enfance.

Les beaux chocolats, il faudrait les numéroter comme des chefs-d'œuvre, des sculptures, des épreuves d'artiste et les déguster doucement en buvant du thé de Chine fumé chez Christian Constant, à Paris, en écoutant Mozart.

plaisir

Espace de rêve, moment de plaisir, la vitrine du libraire est déjà une invitation. Titres étalés, graphismes travaillés, couvertures colorées.

Un livre, c'est une énigme, un langage secret, un jeu.

Il y a ceux que l'on commence par la fin, ceux que l'on feuillette pour entrevoir (quelques phrases, une tournure, un mot), ceux où l'on retourne la 4ème de couverture pour avoir une idée de l'histoire, et puis ceux que l'on achète les yeux fermés parce qu'on connaît l'auteur.

J'aime la librairie Gallimard boulevard Raspail pour voir, toucher, palper, réfléchir. L'odeur du papier me trouble, un sentiment de clandestinité m'envahit. J'adore le sourire de connivence de ceux qui achètent, qui se regardent, qui échangent un titre « Vous l'avez lu ? » « Je vous le conseille ». Un livre, c'est un voyage, une étude.

Il y a de beaux livres comme de beaux objets et puis les autres que l'on fourre dans sa poche, dans son sac, pour les avoir tout près, la main dessus. Un bonheur !

L'Écume des pages
174, Bd Saint-Germain 75006 Paris

gourmandise

Un jour, à Paris, au fond d'un passage, j'ai découvert une table folle remplie de pots de confitures aux merveilleuses étiquettes « Prune », « Abricot », « Mûre », « Pêche », des pots de miel extravagants étiquetés :

Châtaigne pour les tisanes

Acacia pour le poulet au miel

Thym pour la gorge

Aubépine pour les matins difficiles

Lavande pour le couler dans le bain

Romarin avant un récital

Chardon avant un match de tennis

de Hongrie pour faire la belle

d'Espagne pour jouer les toréadors

Enfin celui que je préfère, le miel corse, introuvable en France.

Dans un coin, sur une étagère de chêne, des dizaines de bocaux à l'ancienne remplis de bonbons, des violets, des jaunes, des rouges, des boules couleur chocolat avec un goût muscat, des carrés fourrés moka.

Superbe. J'aurais pu tous les voler.

La Mère de Famille
35, rue du Faubourg Montmartre 75009 Paris

mode et démode

Sonia Rykiel

175, Bd Saint-Germain 75006 Paris

J'ai écarté la « mode » pour faire la « démode ». Plus grand, plus vaste, plus large, plus fort mais surtout à côté, du côté du corps, du côté du plaisir, du côté de l'envie. De son corps à soi, de son plaisir à soi, de son envie à soi.

La démode, c'est faire la mode avec sa tête pour son corps, c'est prendre la distance entre son corps et les formes inventées par ces « inventeurs de moules », ces « constructeurs de styles » (dont je suis). C'est jouer, dévier, déplacer, défoncer l'image qu'ils inscrivent en lettres de feu tous les six mois.

C'est se consacrer unique, différente, « sacrée ». C'est se trouver son tracé, sa voie, son empreinte.

C'est se dessiner.

La démode, c'est la connaissance du rapport vêtement-corps, l'étude des proportions corps-vêtement, l'alchimie couleur-peau, c'est la cohérence entre cette connaissance raisonnée et le délire.

La démode, c'est l'enjeu fabuleux du créateur et de la femme.

La démode, c'est un privilège.

soir

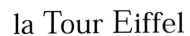

la Tour Eiffel

J'aime mille œuvres d'art plus une : la Tour Eiffel.
Luxueuse, éclairée de mille diamants à la tombée de la nuit,
elle s'amuse dans le noir ou s'enveloppe dans le brouillard
pour cacher son visage. C'est une joueuse qui aime les couleurs et change d'expression avec le gris du ciel ou le bleu.
La pluie, elle adore, et reste droite sous les gouttes.
Statue impénétrable, théâtreuse, elle est toujours en scène et
connait son rôle par cœur.

Tour Eiffel
Champs-de-Mars 75015 Paris

Parfum

Le Bon Marché
24, rue de Sèvres 75007 Paris

Parfum, peau nue. On pourrait décider de se mettre des odeurs, des courants mêlés, un parfum sur un bras, un autre sur l'autre, un troisième sur les seins. Lancer des effluves uniques et mélangés, épicés sur trois tons. Embrouiller les pistes comme on brouille les couleurs.

Chercher la femme ? Qu'est-ce qui vient de passer ?... À la trace on dirait une odeur de lilas saupoudrée de musc avec une pointe de giroflée... peut-être, pas vraiment, je dirais, moi, qu'il y avait du musc, oui, de la corinthe et un pois de tubéreuse. Couleur, odeur, comme un vêtement tricolore, les deux bras bleus et blancs et le corps rouge qui vivent chacun pour soi mais se referment sur le corps de l'homme en un seul enlacement.

Pourquoi n'utiliser qu'un seul parfum, qu'une seule couleur, qu'un seul bijou ? Pourquoi ne pas essayer plutôt de trouver une rapsodie à plusieurs voix avec une variété de notes qui ferait de la femme un exemplaire unique parce qu'elle aurait trouvé son mélange, son panaché, son jus.

Rive gauche

Saint-Germain-des-Prés, c'est l'ambigu, le luxe et la célébrité, l'émotion, le mystère, l'original et le classique, le beau, le faux.

C'est la liberté, le jeu, le talent, l'imparfait qui indéfinit, qui déroule, qui met à l'envers, qui mélange les pois et les rayures, qui déglingue les jupes, défait les ourlets, les surpique, les repique.

Saint-Germain-des-Prés, c'est un blanc pas blanc ni rosé, un bleu trop bleu, un noir trop noir avec des paillettes ou des trous, un noir incohérent, un noir délavé, grisé, un noir qui a trop bu.

C'est un livre dix fois recommencé, corrigé, interminé avec une couverture dessinée par Faulkner ou Bacon ou Botero.

C'est une chanson pull chantée par Gréco, portée par Gréco.

C'est un intello bon genre et un politique tout genre. Romain Gary ou Sartre ou Louis Guillou ou Joseph Roth, Godard ou Chester Himes.

Saint-Germain-des-Prés, c'est un restaurant institutionnel : Lipp.

Saint-Germain-des-Prés, c'est mon quartier.

Brasserie Lipp
151, bd St-Germain 75006 Paris

Simone de Beauvoir et Jean-Paul Sartre au théâtre Antoine en 1955.
© Lipnitzki-Viollet

erk modéré

Dés _ ha _ bil _ lez _ moi _____ Dés _ ha _ bil _

_ moi _____ Dés _ ha _ bil _

_ moi _____ Dés _ ha _ bil _

Fa   Si♭

te

te

te

Fa

3 ° ⊕ Coda

Me cap _ ti _ ver   Dés _ ha _ bil _ lez _ moi _____ Dés _ ha _ bi

Me cap _ tu _ rer   Dés _ ha _ bil _ lez _ moi _____ Dés _ ha _ bi

Me con _ su _

Solm7   Do7   Fa   Fa

la Seine

« — Non, c'est dans l'autre sens, ici c'est interdit.

— Mais hier...

— Hier c'était hier, aujourd'hui c'est interdit. Absurde, comme les coutures, un jour à l'envers, demain à l'endroit. Absurde, non comme un discours infini qui prend son tournant et se ravise pour poser d'autres questions. Toujours en mouvement, en chair.

— La parole est à Paris.

— Mais je n'ai rien à dire.

Mais si, justifie-toi, tu n'es pas clair sauf la nuit, on se cogne, on se bat, on se pose n'importe où, il n'y a plus de place, de repos. Et pourtant tu es plein de chefs-d'œuvre, la plus belle ville au monde.

Si je t'assure, c'est vrai. Alors ?

Question posée.

« Ma réponse, c'est la Seine qui coule à vos pieds. »

Sacré Paris.

Le Chemin de table

10, Rue de Grenelle 75006 Paris

art et argenterie

Tête de vieillard, tête de minerve. Cafetière à manche d'ébène avec dessins « filets ». Timbales décorées de raisins et de feuilles de vigne, dans lesquelles on met un vin voluptueux, couleur cramoisi. Couverts de vermeil, chocolatière gravée avec perles sur le couvercle. Bougeoirs ciselés, ornés de guirlandes. Service à thé rebondi, beau comme des boules magiques, plateaux aux anses entrelacées.

Plat rond bordé de coquillages. Vase motif vagues avec des algues qui courent les unes après les autres. Verseuse parée de gui, carafe agrémentée de chardons, avec manche en ivoire bicolore, remplie de liqueur de cassis à boire avec quelques biscuits posés dans une vasque d'argent, fleurie d'iris et de tulipes.

L'argenterie, ce n'est pas le luxe, c'est la beauté.

Ritz Helth Club
Place Vendôme 75001 Paris

beauté

La travailler, la surprendre, la travestir, se maquiller, se regarder au plus profond. Se faire une beauté.

La vraie beauté n'est pas celle que l'on voit...
Les vraies belles femmes ne sont pas belles, elles sont invisibles du dessus et vous éclatent en pleine figure.
Belle en tailleur noir Rive droite, elle passe le pont en robe noire délurée Rive gauche. Fragile, tendre, décidée, vous la croyez sûre d'elle, elle est perdue. Soumise, elle se révolte. Maquillée, elle est nue. Artificielle, elle en joue. Imprévisible, pressée, elle est femme comme Féminin, Furieuse, Farce, Fantasme, Furtive, Froncée, Française. Grave au concert, les mains sur les genoux, elle écoute. Une heure plus tard, elle dîne avec un homme. C'est une autre plus floue. Le soir, une partie de gin, tricheuse. Elle fait, défait, recommence cent fois. Elle est partout, mystère elle n'est nulle part. Elle biaise, elle tourne sa veste parce qu'il faut retourner pour voir plus clair.
Comme les coutures, pas d'envers, pas d'endroit, du juste, du bien coupé, avec ou sans ourlet, ça doit tomber... juste. Troublée par les plis de la vie qu'il faut souvent remettre à plat.

la beauté sera toujours rayée

corps et âme

La danse c'est le corps, le geste, les bras bien faits, le travail jusqu'au bout, jusqu'à la fin.

J'ai toujours aimé et admiré la danse, Fred Astaire et son côté Homme-Femme, mais aussi Isadora Duncan, Maurice Béjart, Noureev, Baryshnikov, Sylvie Guilhem, Nicolas Le Riche.

Palais Garnier – 8, rue Scribe 75008 Paris

Nicolas Le Riche © Pascal Elliott

86

Cinéma passion

Ce qu'il y a de beau dans la passion, c'est la folie. Tout est atteint : l'âme, le corps, le coeur. Tout se plie, s'organise autour, se fond. On pourrait dire que la passion est un destin. Il y a ceux qui ne peuvent vivre sans et ceux qui ne vivent qu'une passion. Les premiers sont dans un espace sans trou ni fenêtre. La passion se vit en vase clos. Attention ! Il y a passion « défense d'entrer ». C'est la passion totale, celle qui détraque, qui tue. L'autre, la « belle passion », est plus obscure mais plus sereine, plus littéraire. Elle se vit comme un art.

Cinéma La Pagode

Bobinnes de Films © Collection Viollet

PARis la nuit

Chopin
George Sand

victor
bleu

PARIS

Pour ou Contre

laque classique ?

line souten forte

la maison du Chocolat

than un peu detour

look Bohème pant Rayé vite

acier / noir plage / noir

sun la vite bijou ou fleur

La Casa del Habano
169, Bd Saint-Germain 75006 Paris

le goût des cigares

J'adore les humer, les choisir, les toucher. Je serais capable de suivre au bout du monde un homme fumant un bon cigare.

comédie

Les comédiens sont fous !

Sublimes et fous, fragiles, tendres ou violents, jouant dans la vie comme dans les films au point qu'ils en oublient qui ils sont, où ils sont.

Ils sont les maîtres du monde, rentrent dans la peau d'un personnage, racontent des histoires, vont trop vite, trop loin, bousculent, explosent et vivent comme ils jouent. Trop. Mais trop, c'est juste assez pour eux.

À toute vitesse, ils enchaînent film sur film, ou alors s'imaginent finis parce que justement ils n'enchaînent plus.

Le comédien tente d'échapper au quotidien.

Il se barricade derrière les mots de l'auteur - ce n'est pas moi qui parle. Moi, je répète avec le ton, avec la forme, je ne suis qu'un suiveur, j'aime, j'adore, je hais parce qu'on me dit d'aimer ou de détester.

Je suis un Acteur.

carnet d'adresses

Promenades

Académie des Sciences
23, Quai Conti, 75005

L'Ecole des Beaux-Arts
14, rue Bonaparte, 75006

La Galerie Verot-Dodat
19, galerie Vérot-Dodat,
75001

La Galerie Vivienne
13, galerie Vivienne,
75002

Le marché aux fleurs
place Ternes, 75017

La Sorbonne
16, rue des Ecoles, 75005

Palais Garnier
8, rue Scribe, 75008

Place des Vosges
75003

Place Fürstenberg
75006

Tour Eiffel
Champs-de-Mars, 75015

Shopping

A la Mère de Famille
35, rue du fbg
Montmartre, 75009

L'Arbre à Lettre
62, rue du Frg St Antoine
75012

Baccarat
11, place de la Madeleine
75008

Barthélémy
51, rue de Grenelle
75007

Berthillon
31, rue St Louis en l'Ile,
75004

Cafés et thés Verlet
256, rue St-Honoré,
75001

Christian Constant
37, rue d'Assas, 75006

Debauve et Gallais
30, rue des Saints-Pères,
75007

Epicerie Fine - Hédiard
126, rue du Bac, 75007

Au nom de la Rose
4, rue de Tournon, 75006

Hédiard
21, place de la Madeleine,
75008

Herboristerie - Palais Royal
11, rue des Petits-Champs,
75001

Izrael
30, rue François Miron
75004

La Maison du chocolat
225, rue du fbg
St-Honoré, 75008

La Printemps
64, bd Haussmann, 75009

Le Bon Marché
24, rue de Sèvres, 75007

Le Jour et l'Heure
6, rue du Dragon 75006

Marchés
bd Raspail 75006
rue Mouffetard 75005

La Maison du Miel
24, rue Vignon 75009

Lenôtre
15, bd de Courcelles,
75008

Les Galeries Lafayette
40, bd Haussmann, 75009

Poilane
8, rue du Cherche-Midi,
75006

Richart Design et chocolat
258, bd St-Germain,
75007

Sennelier
3, quai Voltaire, 75006

Sonia Rykiel
175, bd Saint-Germain,
75006

G. Tétrel
44, rue des Petits-Champs,
75002

Jardin du Luxembourg
place Edmond Rostand,
75006

Jardin du Palais Royal
9, rue du Beaujolais,
75002

Le Jardin des plantes
20, rue Cuvier, 75005

**Le Jardin des serres
d'Auteuil**
av. Gordon Bennett,
75016

Le parc de Bagatelle
allée de la Reine
Marguerite, 75016

Le Parc Montsouris
1, rue Gazan, 75014

Les Jardins des Tuileries
rue de Rivoli, 75008

Antiquaires

Le chemin de table
10, rue de Grenelle,
75006

Hôtel Drouot
21, rue Drouot, 75009

Les antiquaires
rue de Verneuil 75007
rue Jacob 75006

Les puces de St Ouen

Librairies

Brentano's
37, av. de l'Opéra, 75002

L'Écume des pages
174, Bd St-Germain,
75006

La Hune
170, Bd St-Germain,
75006

Les Bouquinistes
quais de Seine

W. H. Smith
248, rue de Rivoli, 75001

Restaurants

Brasserie Lipp
151, bd St-Germain,
75006

l'Obélisque
10, place de la Concorde,
75008

le Flore
172, bd St-Germain,
75016

Casa del Habano
169, bd Saint-Germain,
75006

Caviar Petrossian
18, bd de La Tour
Maubourg, 75007

Le Grand Véfour
17, rue Beaujolais, 75001

Le Paris
Hôtel Lutétia
45, bd Raspail 75006

le Récamier
3 bis place St-Sulpice,
75006

les Ambassadeurs
10, place de la Concorde,
75008

Lucas Carton
9, place de la Madeleine,
75008

Le Pain quotidien
18, place du Marché
Saint-Honoré 75001

Salons de thé

Angélina
226, rue de Rivoli, 75001

Café de Flore
16, bd St-Germain 75006

Hôtel de Crillon
6, Place de la Concorde,
75008

La Closerie des Lilas
171, bd Montparnasse,
75006

Les deux Magots
6, place St-Germain-des-
Près, 75006

Mariage Frères
260, rue du fbg
St-Honoré, 75008

Galeries

Claude Bernard
5, rue des Beaux-Arts,
75006

Espace Electra
6, rue Récamier, 75007

Fondation Cartier
261, bd raspail, 75014

**Fondation Dina - Vierny -
Musée Maillol**
59, rue Grenelle, 75007

**Fondation Mona
Bismarck**
34, av. de New York,
75016

Galerie Brownstone
26, rue Saint-Gilles
75003

Galerie Colette Dubois
420, rue St Honoré,
75008

Galerie Daniel Templon
30, rue Beaubourg, 75003

Joice
168, galerie Valois, 75001

Maeght
42, rue du Bac, 75007

Via
29-35, avenue Daumesnil
75012

Musées

Bourdelle
18, rue Antoine
Bourdelle, 75015

Carnavalet
23, rue de Sévigné, 75003

**Centre Georges
Pompidou**
rue Rambuteau, 75001

Cernuschi
7, av. Velasquez, 75017

Grand-Palais
3, av. du Gal Eisenhower,
square J. Perrin, 75008

Guimet
45, rue Boissière, 75116

Gustave Moreau
14, rue de la
Rochefoucauld, 75009

Institut du Monde Arabe
1, rue des Fossés St
Bernard, 75005

L'Orangerie
place de la Concorde,
75008

Le Louvre
16, rue de Rivoli, 75001

Maison de Balzac
47, rue Raynouard, 75016

Maison de Victor Hugo
6, place des Vosges, 75004

**Maison européenne de la
Photographie**
5-7, rue de Fourcy, 75004

**Musée Art et Histoire du
judaïsme**
Hôtel de Saint-Aignan,
71, rue du Temple, 75003

Musée d'Art moderne
11, av. du Pdt Wilson,
75016

Musée de la Monnaie
11, quai Conti, 75006

**Musée de la
Vie romantique**
Maison Renan-Scheffer,
16, rue Chaptal, 75009

**Musée départemental
Albert Kahn**
14, rue du port, 92100
Boulogne Billancourt

Musée des Arts décoratifs
11, rue de Rivoli 75001

Musée de l'érotisme
72, bd de Clichy, 75018

**Musée Jacquemart -
André**
158, bd Haussmann,
75008

Musée Maillol
61, rue de Grenelle,
75007

**Musée Marmottan -
Claude Monnet**
2, rue Louis Boilly, 75016

**Musée national des arts
d'Afrique et d'Océanie**
293, av. Daumesnil, 75012

Musée national des Arts et Traditions populaires
6, av. du Mahatma - Gandhi, 75016

Musée national Eugène Delacroix
6, rue de Furstemberg, 75006

Musée Nissim de Camondo
63, rue Monceau 75008

Musée Picasso
Hôtel Salé, 5, rue de Torigny, 75003

Musée Rodin
77, rue de Varenne 75007

Musée Zadkine
100 bis, rue d'Assas, 75006

Orsay
1, rue de la Légion d'honneur, 75007

Petit-Palais
av. W. Churchill, 75008

Le Placard d'Eric Satie
6, rue Corot 75006

Cinéma

La Pagode
57 bis, rue Babylone, 75007

le grand Rex
1, bd Poissonnière, 75002

Max Linder Panorama
24, bd Poissonnière, 75009

Théâtre - Opéra

Cité de la Musique
221, av. Jean Jaurès, 75019

La Cartoucherie
rue du champ de Manœuvre, 75012

Opéra Bastille
120, rue Lyon, 75012

Opéra Comique
4, rue Amboise, 75002

Opéra Garnier
8, rue scribe, 75009

Salle Gaveau
45, rue de la Boétie,
75008

Salle Pleyel
252, Fbg St-Honoré,
75008

**Théatre de l'Athénée -
Louis Jouvet**
24, rue Caumartin, 75009

**Odéon - Théâtre de
l'Europe**
place de l'Odéon, 75006

Théâtre de la ville
2, place Chatelet, 75004

**Théâtre des Bouffes du
Nord**
37 bis, bd de la Chapelle,
75010

**Théâtre des Champs-
Elysées**
15, av. Montaigne, 75008

Théâtre du Châtelet
2, rue Edouard Colonne,
75001

Théâtre du Rond-Point
2 bis, av. Franklin D.
Roosevelt, 75008

**Théâtre du Vieux
Colombier**
21, rue du Vieux
Colombier, 75006

Théâtre français
4, place André Malraux,
75001

Théâtre Mogador
25, rue Mogador, 75009

Théâtre Montparnasse
31, rue de la Gaîté, 75014

Théâtre Zingaro
176, av. Jean Jaurès,
93300 Aubervilliers

Remerciements

Safia Bendali

Crédits

Christian Sarramon : 12, 13, 15, 19, 21, 25, 28, 29, 37, 47, 50, 51, 55,
59, 67, 75, 80, 81, 82, 83, 88.
Michel Le Louarn : 16, 17, 23, 24, 27, 33, 41, 43, 44, 49, 63, 65, 66,
69, 71, 77, 86, 92, 94, 95.
Roger-Viollet : 11, 26, 36, 42, 53, 78, 89.
Luc Epiais : 93.
Status Mansau : 76.
Pascal Helliott : 87

Sonia Rykiel a été photographiée par :
Dominique Issermann : couverture
Raphaël Gaillard : 60
Sarah Moon : 62
Brigitte Lacombe : 79

Illustration Hippolyte Romain : 3, 61

Cet ouvrage est illustré par Sonia Rykiel.